# This Book Belongs To

# COLOR TEST

blue
red
purple
yellow
pink
green
orange
lime
aqua
navy
coral
teal
mustard
blue violet
black
indigo
pea green
amber
peach
maroon

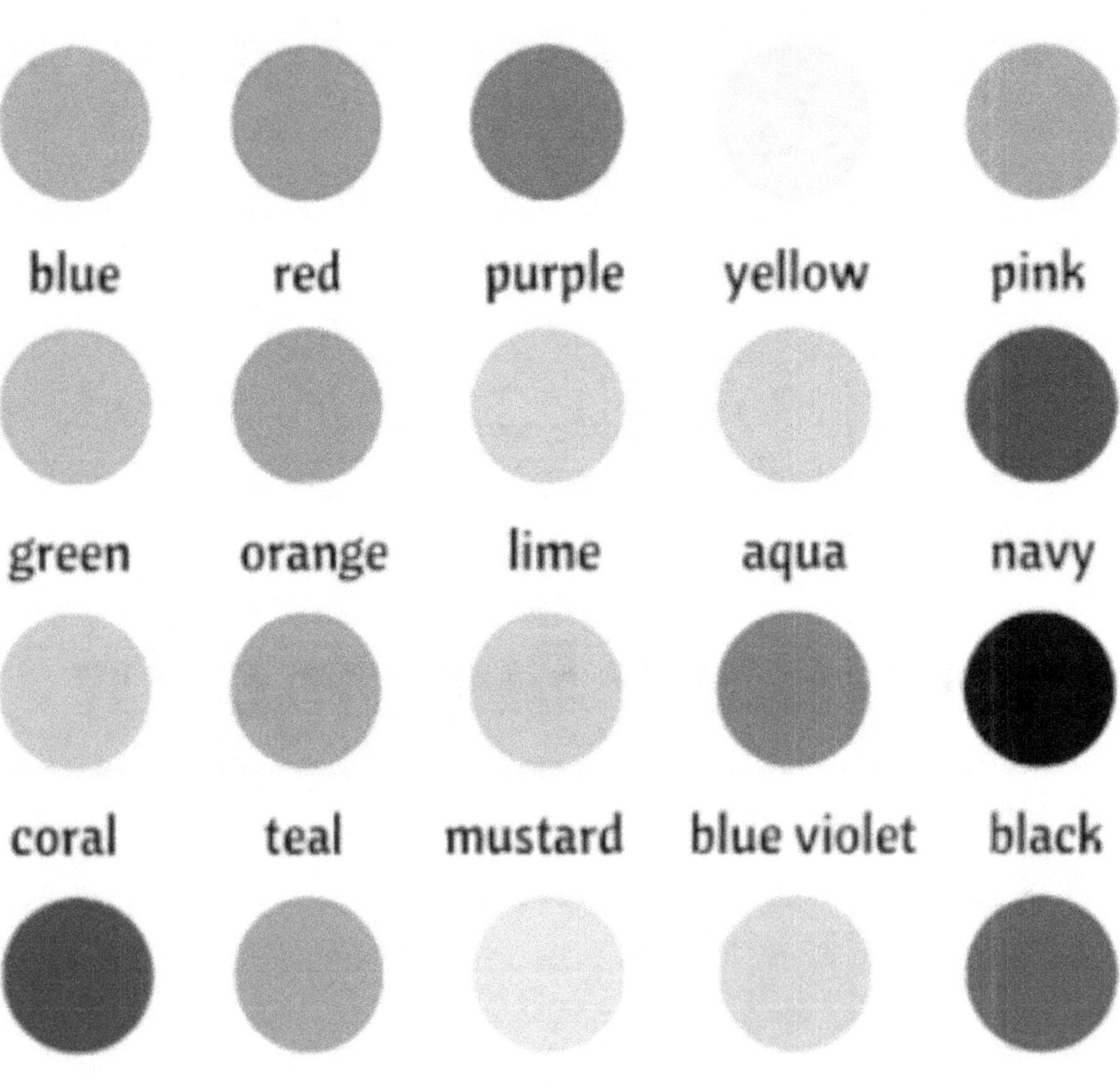

# Preview Pages

HAPPY EASTER

HAPPY EASTER

Happy Easter

HAPPY
Easter

HAPPY EASTER DAY

HELLO
EASTER

HAPPY
Easter Day

HAPPY
EASTER DAY

HAPPY
EASTER DAY

happy
Easter

# - HAPPY -
# EASTER DAY

Happy
Easter
Day

HAPPY
Easter
DAY

Happy
Easter